ALBUM

DE

L'AMATEUR

DE

TIMBRES-POSTE

G

ALBUM

DE

L'AMATEUR

DE

TIMBRES - POSTE

DEUXIÈME ÉDITION

13, 9³¹

PARIS

L.-N. TRIPON, ÉDITEUR,

Quai des Grands-Augustins, n° 27.

MANUFACTURE D'ALBUMS POUR PHOTOGRAPHIES.

—

Paris. — Imprimé chez PILLET fils aîné, 5, rue des Grands-Augustins.

AVIS

Cet **Album Timbres-Poste** réunit les avantages suivants :

1° Les nations d'Europe y sont classées alphabétiquement, et, à la suite, on a rangé, dans le même ordre, les nations indépendantes des autres continents ;

2° Les possessions diverses de chaque nation y ont été indiquées à la suite des pages dont elles dépendent, afin qu'on eût réunis, dans une seule page, tous les timbres-poste d'une même nationalité ;

3° On a fait suivre ces indications indispensables de la valeur des monnaies, comparée à la valeur des monnaies françaises, pour que le **prix** de chaque timbre-poste pût être aisément déterminé ;

Nous avons la conviction que ces diverses dispositions feront de cet *Album Timbres-Poste* l'album le plus commode et le plus généralement apprécié.

L.-N. T.

LES TIMBRES-POSTE

On lit dans un règlement français de 1653 :

« On fait à sçavoir à tous ceux qui voudront escrire d'un quartier de Paris en un autre, que leurs lettres, billets ou mémoires seront fidèlement portés et diligemment rendus à leur adresse, et qu'ils en auront promptement response, pourveu que, lorsqu'ils escriront, ils mettent avec leurs lettres, *un billet* qui portera *port payé,* parce que l'on ne prendra point d'argent; lequel billet sera attaché à ladite lettre, ou mis autour de la lettre, ou passé dans la lettre, ou en toute autre manière qu'ils trouveront à propos, de telle sorte néanmoins que le commis puisse voir et l'oster aysément.

» Chacun estant adverty, que nulle lettre ny response ne sera portée qu'il n'y aye avec icelle *un billet de port payé* dont la date sera remplie du jour et du mois qu'il sera envoyé, à quoi il ne faudra manquer si l'on veut que la lettre soit portée.

» Le commis général qui sera au Palais vendra de ces *billets de port payé* à ceux qui en voudront avoir, pour le prix d'un sou marqué, et non plus, à peine de concussion ; et chacun est adverty d'en acheter pour sa nécessite le nombre qu'il lui plaira, afin que lorsqu'on voudra escrire, l'on ne manque pas pour si peu de chose à faire ses affaires.

» L'acquisition des billets se fait au Palais, chez les tourières des couvents, chez les portiers des collèges et communautés et chez les geôliers des prisons. Le prix de chacun d'eux est d'un sou *tapé,* et les solliciteurs sont avertis de donner quelque nombre de ces billets à leurs procureurs et à leurs clercs, afin qu'ils les puissent informer à tous moments de l'état de leurs affaires, et les pères à leurs enfants qui sont au collége ou en religion, et les bourgeois à leurs artisans.

» Les commis commenceront à aller et porter les lettres le 8 août 1653. On donne ce temps afin que chacun aye le loisir d'acheter des billets. »

Comme on le voit, l'Angleterre, en inventant les timbres-poste, n'a fait que ressusciter une vieille mesure que l'administration française avait laissée tomber en désuétude.

Mais si l'Angleterre ne peut revendiquer comme sienne l'invention première des timbres-poste, nous devons reconnaître qu'elle les a merveilleusement appropriés aux besoins de l'époque.

C'est elle, en effet, qui, la première et dès 1840, mettait en circulation les timbres-poste, tels que nous les connaissons, tels que nous en faisons journellement usage ; c'est elle encore qui, la première, créait les enveloppes-timbres.

La France, elle, ne commença à faire usage de ces timbres si commodes que bien longtemps après, qu'en 1848.

Les autres nations, à l'imitation de l'Angleterre et de la France, les adoptèrent successivement.

Aujourd'hui, enfin, l'usage de ces timbres est devenu partout si général que, partout, le commerce commence à les accepter comme une monnaie courante, préférable dans bien de cas à la monnaie de billon.

AUTRICHE

Empereur : François-Joseph

Monnaie : Florin = 2 fr. 50; Kreutzer, = 2 c. 1/2.

BADE

Grand-duc : Frédéric ; *Grand-duc héritier* : Frédéric.

MONNAIE : Florin = 2 fr. 12 c.; Silbergroschen = 12 c. 1/2;
Kreutzer = 0,03 c.

BAVIÈRE

Roi : Louis II.

MONNAIE : Florin = 2 fr. 12 c.; Silbergroschen = 12 c. 1/2 ;
Kreutzer = 0,03 c.

~~~ 6 ~~~

BELGIQUE

Roi : Léopold II

MONNAIE : Franc = 100 centimes.

BERGEDORF
BRÊME—HAMBOURG—LUBECK

MONNAIE : **Marc** ou 16 shil.=1 fr. 53 ; Shilling =0,09 c. 1/2.

BRUNSWICK

Duc : Guillaume.

Monnaie : Silbergroschen = 12 c. 1/2 ; Kreutzer = 0,03 c.

CONFÉDÉRATION DE L'ALLEMAGNE
DU NORD

Etats du Nord : HESSE, MECKLEMBOURG-STRELITZ, SAXE-WEIMAR, EISENACH, SAXE-COBOURG-GOTHA, LIPPE-DETMOLD, SCHWARZBOURG-RUDOLSTADT, REUSS.

MONNAIE : Silbergroschen = 12 c. 1/2 ; Thaler = 3. 75,

CONFÉDÉRATION DE L'ALLEMAGNE
DU NORD

États du Sud : Hesse, Nassau, Saxe-Meiningen-
Hilbourghausen, Francfort-sur-le-Mein

Monnaie : Florin = 2 fr. 12 c. 1/2; Kreutzer = 0,03 c.

DANEMARK
Schleswig-Holstein.
Roi : Chrétien IX.

Monnaie : Schilling = 0,28 cent.; Cent = 0,054 centim.

ÉTATS DE L'ÉGLISE

Pape : Pie IX.

MONNAIE : Scudo = 5 fr. 35 ; Bajoque = 0,053 cent.

Actuellement on se sert du système décimal comme en France.

ESPAGNE

Cuba. — Porto-Rico. — Philippines.

Gouvernement provisoire.

Monnaie : Réal = 27 c.; R. de Plata = 59 c.; Cuarto = 0,032 c.
Escudo = 3 fr.; 10me de escudo = 3 centimes.

26

FRANCE

ALGÉRIE. COLONIES FRANÇAISES. GUYANE.
NOUVELLE CALÉDONIE.

Empereur : Napoléon III ; *Prince impérial* : Louis-Eugène
Napoléon.

MONNAIE : Franc = 100 centimes.

GRANDE-BRETAGNE & IRLANDE

MALTE. — ILES IONIENNES. — ÉTATS INDIENS. — HONG-KONG.
NOUVELLE-ZÉLANDE. — CANADA. — GUYANE. — AUSTRALIE.
Reine : Victoria ; *Prince royal :* Albert-Édouard, prce de Galles.
MONNAIE : Schilling ou 12 pences = 1 fr. 25 ;
Penny = 10 centimes environ.

34

GRÈCE

Roi : GEORGES Ier.
MONNAIE : Lepton $= 0,009$ c.

HOLLANDE

Grand-Duché de Luxembourg. — Java.

Roi : Guillaume III; *Prince royal* : Guillaume.

Monnaie : Florin de 100 cents = 2 fr. 10;
Cent = 0,021 centim.

HANOVRE

(Annexé à la Prusse.)

MONNAIE : Guteng. $= 0,1562$ c.; Silbergroschen $=0,12$ 1/2 c.;
Pfennige $= 0,01$ c.

44

ITALIE

SARDAIGNE. — DEUX-SICILES. — TOSCANE. — MODÈNE—
PARME. — LOMBARDIE. — ROMAGNE. — VÉNÉTIE.

Roi : Victor-Emmanuel ; *Prince royal* : Humbert.

MONNAIE : Livre = 1 fr.; franc = 100 cent.

MECKLENBURG-SCHWERIN

Grand-duc : Frédéric-François ; *Duc héritier* : Frédéric-François.

MONNAIE : Schilling = 0,078 centim.

OLDENBOURG

MONNAIE : Silbergroschen = 0,12 1/2 cent.;
Pfennige = 0,01 c.; Thaler = 3 fr. 75 c.

52

PORTUGAL

Roi : Louis Ier.

Monnaie : 100 reis $=$ 0,51 c.

PRINCIPAUTÉS DANUBIENNES

MOLDAVIE. — VALACHIE. — ROUMANIE.

SERBIE.

Prince : Cousa (Alexandre-Jean).

MONNAIE : Para = 0,06 c.; Bani = 01 centime.

PRUSSE

Roi . Guillaume Ier ; *Prince royal* : Frédéric-Guillaume.

MONNAIE : Thaler $= 3$ fr. 75 c.; Silbergroschen $= 0,12$ 1/2 c.:
Pfennig $= 0,01$ c.

RUSSIE

FINLANDE. — POLOGNE. — LIVONIE.

Empereur : **Alexandre II** ; *Prince impérial* : **Grand-duc Nicolas.**

MONNAIE : **Rouble d'argent** = 4 fr.; Kop = 0,04 c.

60

62

SAXE

Roi : Jean ; *Prince royal* : Albert.

MONNAIE : Thaler = 3 fr. 75 ; Silbergroschen = 0,12 1/2 c.;
Pfennige = 0,01 c.

64

SUÈDE & NORWÉGE

Roi : Charles XV; *Prince royal* : Oscar-Frédéric.

MONNAIE : Speciès riksdaler = 5 fr. 66 ; Ore = 0,136 c.;
Skilling = 0,0454 c.

SUISSE

MONNAIE : 1 Rappen = 1 centime.

68

TURQUIE

Sultan : Abdul-Aziz-Khan.

MONNAIE: Piastre = 20 centimes. Para = 1/2 centime.

WURTEMBERG

Roi : Guillaume Ier ; *Prince royal* : Charles.

Monnaie : Gulden = 2 fr. 12 ; Kreutzer = 0,13 c.

AFRIQUE

Cap de Bonne-Espérance. — Natal. — Sainte-Hélène.
Sierra-Léone. — Maurice. — Libéria.
Gambie, — Répub. de l'Orange.

~~~ 74 ~~~

ÉGYPTE

Vice-Roi : ISMAÏL.

Piastre = 20 cent.; Para = 1/2 cent.

AMÉRIQUE DU NORD

Nouvelle Écosse. — Nouveau-Brunswick. — Ile-du-
Prince-Edouard. — Terre-Neuve. — Colombie anglaise
Ile de Vancouver.

(Possessions anglaises.)

ÉTATS-UNIS DE L'AMÉRIQUE DU NORD

MONNAIE : Dollar ou 100 cents = 5 fr.

1 cent. = 5 centimes 1/4

ÈTATS CONFÉDÉRÉS
DE L'AMERIQUE DU NORD

Président : Grant.

MONNAIE: Dollar ou 100 cents $= 5$ fr.
1 cent. $= 5$ centimes 1/4

AMÉRIQUE DU SUD

PARAGUAY. — PÉROU. — VENEZUELA. — MEXIQUE.

MONNAIE : Piastre de 8 réaux = 5 fr. 41; réal = 0,676 c.

AMÉRIQUE DU SUD

CORRIENTES.—CONFÉDÉRATION ARGENTINE.—BUENOS-AYRES.
MONNAIE : Peso = 0,25 c.; Centavo = 0,05 c.; Réal = 0,09 c.

BRÉSIL.
Empereur : Don Pedro II d'Alcantara.
MONNAIE : 1,000 reis = 2 fr. 60; 10 reis = 0,026 c.

90

AMÉRIQUE DU SUD

CONFÉDÉRATION GRENADINE. — CHILI.

MONNAIE : 100 cents $=$ 5 fr.; centavo $=$ 0,05 c.

RÉPUBLIQUE ORIENTALE (URUGUAY, MONTEVIDEO).

MONNAIE : Réal $=$ 0 fr. 75; centisimo $=$ 0,06 75 c.

AMÉRIQUE DU SUD

BOLIVIE. — NICARAGUA. — COSTA RICA. — HONDURAS.
ÉQUATEUR. — GUATEMALA.

Peso 5 francs. Centavo 5 centimes.

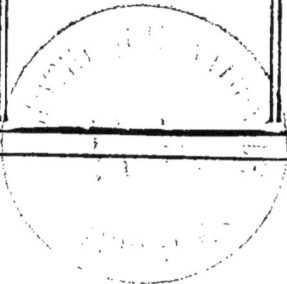

AMERIQUE

ANTILLES

NEVIS. — ILES TURQUES. — BAHAMAS, ETC. SAINT-DOMINGUE.

102

OCÉANIE

TASMANIE. — VAN DIEMEN. — VICTORIA.

ILES SANDWICK.

OCÉANIE

QUEENSLAND.

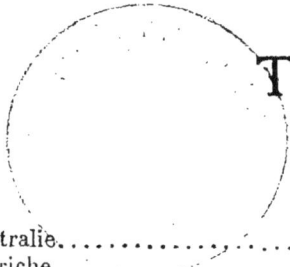

TABLE

Paris. — Imprimerie PILLET fils aîné, rue des Grands-Augustins, 5.

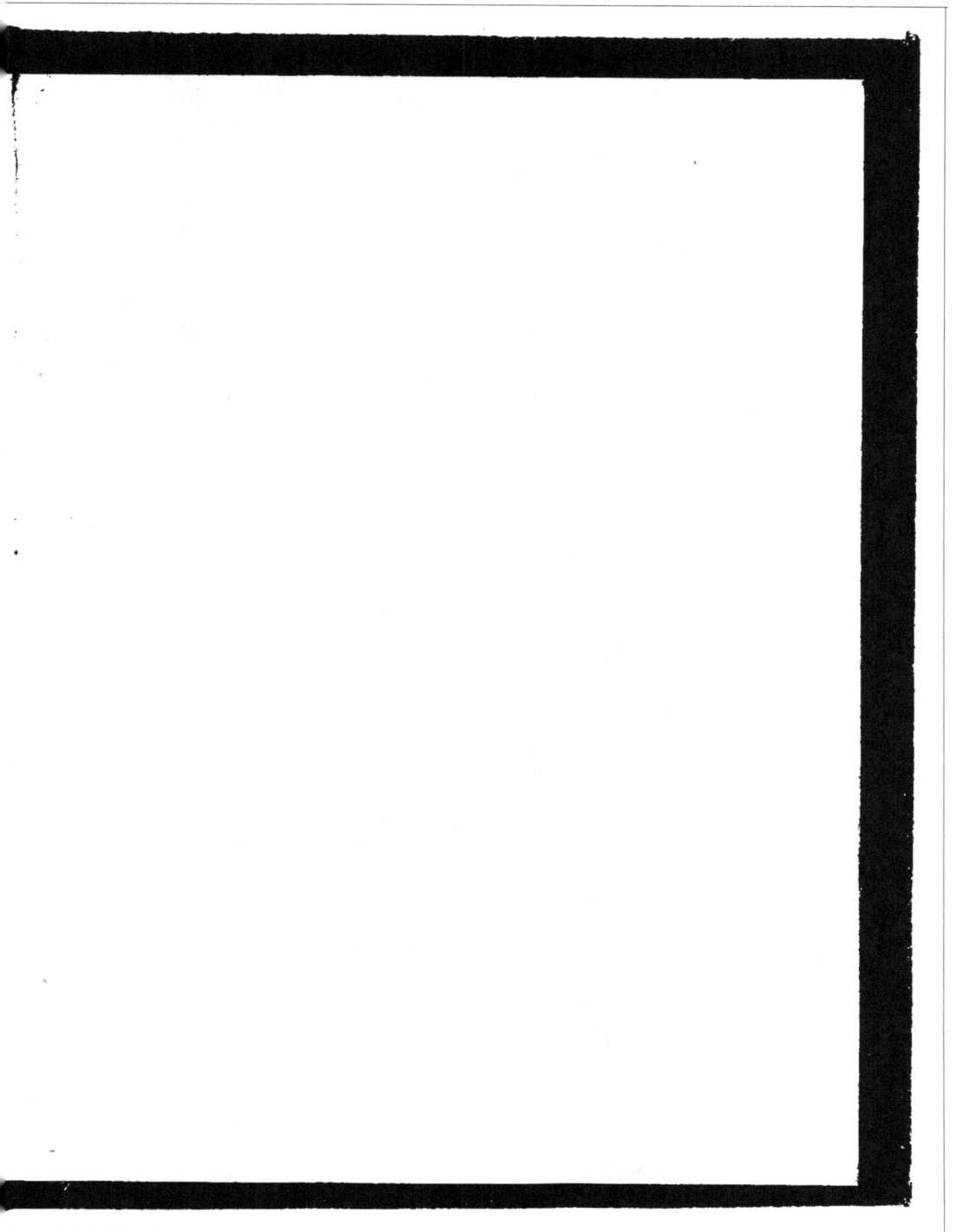

www.ingramcontent.com/pod-product-compliance
Lightning Source LLC
Chambersburg PA
CBHW071953110426
42744CB00030B/1233